RÉCIT

DE TOUT CE QUI S'EST PASSÉ

A ALENÇON (Orne)

DEPUIS LES ORDONNANCES DU 25 JUILLET ET LES ÉVÉNEMENS DE PARIS JUSQU'AU 23 AOUT 1830;

SUIVI DE

TOUTES LES CHANSONS

ET PIÈCES DE VERS PATRIOTIQUES

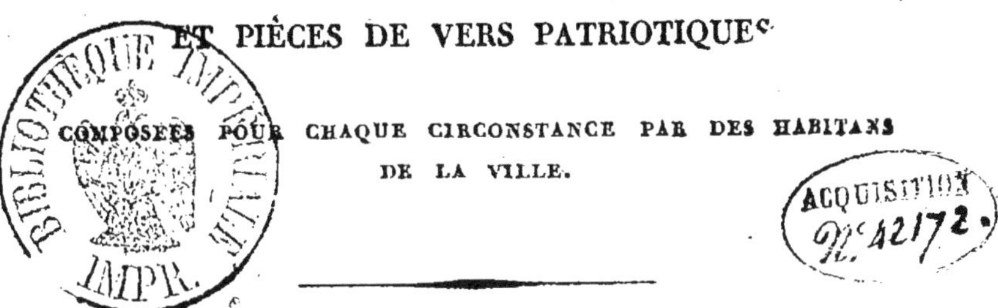

COMPOSÉES POUR CHAQUE CIRCONSTANCE PAR DES HABITANS DE LA VILLE.

Cette Brochure, tirée à 1000 exemplaires, se vend 1 franc, et le prix, déduction faite des seuls frais d'impression, en sera distribué, savoir :

Un tiers au profit des braves vétérans qui sont en résidence à Alençon, et les deux autres tiers au profit des blessés de la Capitale.

L'auteur engage ses concitoyens à moins considérer la valeur de cet ouvrage en elle-même que le but patriotique et philantropique dans lequel il l'a composé.

IL SE VEND

Au bureau du Journal d'Alençon et chez tous les Libraires de cette ville.

ÉPITRE DÉDICATOIRE

AUX HABITANS D'ALENÇON.

Mes chers Concitoyens,

Quel singulier contraste s'offre souvent au premier coup-d'œil dans les choses humaines !

Ne paraît-il pas d'abord bien surprenant que le nom d'Alençon ait figuré avec quelque éclat dans plusieurs pages de l'histoire générale aux temps où cette ville, petite, pauvre, combattant pour la sottise et la servitude, subissait les lois des seigneurs féodaux, et que, depuis qu'elle est devenue grande, riche, et qu'elle a déployé le plus beau dévouement pour la conquête et le maintien de ses libertés, il soit à peine permis d'espérer qu'elle puisse y obtenir quelques lignes ?

Cependant cette singularité s'explique après un instant de réflexion.

Courbées sous le poids de la chaîne féodale, la ville d'Alençon et sa banlieue étaient la propriété d'un duc, et tous leurs habitans des vassaux sur lesquels ce duc avait un pouvoir absolu. Tout le reste de la France était ainsi divisé, soit en duchés, soit en comtés, que leurs despotes, ducs ou comtes, faisaient guerroyer les uns contre les autres, au gré de leur ambition ou de leurs caprices personnels. Abrutis par cet affreux régime, et par le fanatisme religieux, peut-être plus affreux encore, les Français acquéraient alors de la gloire en faisant couler le sang français, et dans ces guerres entre les diverses fractions de la France, découpée pour ainsi dire en écussons par le ciseau féodal, la fraction victorieuse acquérait de l'éclat.

Quand un aveugle fanatisme frappa l'Europe entière de vertige, et lui fit tirer de son sein plus d'un million de combattans qui coururent périr dans les sables de la Syrie par la faim, la guerre ou la peste, dans l'unique but d'arracher au pouvoir des infidèles Sarrasins un tombeau qui pourtant a fini par leur rester, le nom d'Alençon a encore souvent figuré dans l'histoire de ces aventureuses et folles expéditions connues sous le nom de Croisades ; mais il faut remarquer que dans ces grandes guerres de l'Europe contre l'Asie, ainsi que dans les petites luttes entre seigneurs, le nom d'Alençon n'est cité que par rapport à ses ducs, et que jamais l'on n'y parle d'Alençon pour elle-même ni pour la bravoure de ses habitans. Dans ces temps de hideuse mémoire, les vassaux et leurs exploits étaient la propriété du maître.

Depuis qu'Alençon a cessé d'être, dans la France esclave, un de ces fiefs seigneuriaux régis par des coutumes locales, mais qu'au contraire elle est devenue une partie intégrante de la France libre par ses constitutions, homogène dans son gouvernement et uniforme dans ses lois, la grande distance qui la sépare des frontières, en l'éloignant des attaques de l'étranger, l'a placée presque pour toujours dans une sphère de tranquillité qui doit nécessairement l'empêcher de se faire un nom remarquable dans l'histoire générale de la France, et nul de ses habitans ne doit être fâché de cette heureuse obscurité.

C'est, mes chers concitoyens, parce que le nom de notre ville ne doit plus briller dans l'histoire générale, que j'ai cru utile de travailler à son histoire particulière, et de recueillir, pour ses habitans présens et ses habitans futurs, tous les faits qui, dans les mémorables circonstances où nous nous trouvons, peuvent concourir à sa gloire.

En passant du petit au grand, l'on voit qu'en France la gloire est le plus beau patrimoine qu'un père puisse laisser à ses enfans; les petits-fils aiment à s'entretenir en famille des hauts-faits de leurs aïeux, et les habitans d'une ville chérissent et respectent les traditions glorieuses qu'ils ont recueillies de leurs devanciers : il ne faut donc jamais perdre les choses qui peuvent laisser à notre postérité de beaux souvenirs, et devenir pour elle un noble sujet d'émulation.

Les récits que nos pères nous ont fait de leur sublime dévouement pour la cause de la liberté en 1789, n'ont pas peu contribué à nous rendre leurs rivaux en 1830, et c'est pour que le souvenir de la belle conduite que nous venons de tenir ne soit pas perdu pour nos enfans, que j'ai essayé d'en retracer l'histoire.

Je sens bien que la tâche que je viens de remplir était au-dessus de mes forces, mais j'aime à croire qu'en faveur de ma bonne volonté, vous excuserez la faiblesse de ce petit ouvrage, et que vous en accepterez avec plaisir la dédicace.

Votre tout dévoué concitoyen et ami,

C. MARCHAND, *avoué.*

RÉCIT

DE TOUT CE QUI S'EST PASSÉ

A ALENÇON (ORNE)

DEPUIS LES ORDONNANCES DU 25 JUILLET ET LES ÉVÉNEMENS DE PARIS JUSQU'AU 23 AOUT 1830.

Effrayée des horreurs de sa première révolution, dont les meilleurs fruits, dévorés par le régime impérial, ne lui avaient pas profité; encore tout étourdie du fracas de gloire de cet empire qui venait de s'écrouler parce que son Chef avait toujours voulu élever l'édifice colossal de sa puissance sans s'occuper d'en assurer la base, la France, tombée dans un seul jour du faîte de ses grandeurs, dégoûtée du passé, incertaine du présent, tremblant pour l'avenir, frappée de découragement et d'une espèce de stupeur, reçut, sans joie et sans tristesse, une restauration que lui imposaient les bayonnettes étrangères.

Après avoir supporté patiemment pendant trois ans dans son sein les troupes de ses ennemis, souffert toutes leurs humiliations, et satisfait aux immenses indemnités qu'ils exigeaient pour lui avoir ramené une race de Rois dont la proscription lui avait coûté des flots de sang, elle devait croire qu'on lui avait fait payer assez cher sa gloire passée pour qu'il lui fût permis de jouir, à l'abri de la Charte qui lui avait été *octroyée*, d'une partie de ce bonheur et de cette liberté pour lesquels elle avait tant et si longtemps combattu.

Mais, vaine erreur! quelques débris des misérables oppresseurs qu'elle avait rejetés de son sein dans des jours de glorieuse mémoire, avaient survécu à l'orage; et, rentrés dans le port avec la nouvelle royauté, ils oublièrent leurs désastres passés, et ne songeant qu'à les réparer vite et par tous les moyens, les imprudens investirent de toutes parts cette royauté, qui seule pouvait servir de soutien à leur faiblesse, et, pour tout envahir plus promptement, ils voulurent lui faire fouler aux pieds ses sermens au risque de l'entraîner dans un second naufrage.

L'auteur de la Charte qui, seul parmi tous les siens, n'avait pas oublié la terrible leçon que leur avait donnée la France, et qui avait assez de sagacité pour prévoir que son engourdissement ne serait pas éternel, se conduisit, dans les circonstances difficiles où il se trouvait, avec assez de sagesse pour faire excuser de fréquens actes d'oppression.

Son frère, qui avait passé sa jeunesse au milieu des plaisirs et de la débauche, son émigration dans la plus inerte oisiveté, et qui ne conservait plus de facultés morales que pour les plus minutieuses pratiques de dévotion, et de force physique que pour satisfaire les restes d'une ridicule passion pour la chasse, vint à son tour prendre un sceptre que ses mains débiles ne pouvaient porter qu'avec le secours de Ministres dont les vues fussent à la hauteur de la civilisation qu'avait atteint la France, grâce aux bienfaits de la presse; mais au lieu de tenir cette prudente conduite, ce misérable monarque ne s'entoura que de prêtres et d'intrigans qui le séparèrent de son peuple, le lui firent haïr pour le rendre tyran et parjure; puis, marchant à grand pas de sottise en sottise, ces hommes, aussi ineptes que perfides, le laissèrent précipiter du trône au moment même où ils lui faisaient rêver le pouvoir absolu.

Il se croyait homme de génie, ce malheureux roi, parce que son confesseur et ses ministres le lui avaient dit; il se croyait grand, parce qu'il avait voulu nous asservir : il ne pensait pas qu'ainsi monté sur nos têtes, son pied devenait moins solide, et qu'il suffisait que l'un de ses supports se retirât pour le faire tomber et le réduire au niveau de ses moindres sujets. C'est pourtant ce qui est arrivé. Charles X avait ses droits; la France avait les siens. Il a voulu s'en emparer; elle s'est retirée, et il est resté seul. Il est tombé, et, avec lui, ce pouvoir de sang qui préluda, il y trois ans, au carnage des 27, 28 et 29 juillet par les massacres de la rue Saint-Denis.

Honneur, mille fois honneur à la ville de Paris! Elle a surpassé en trois jours tout le grandiose des républiques de Rome et d'Athènes: trente-deux millions d'hommes lui doivent la liberté!

Cependant, disons-le, si le sang des Parisiens à coulé seul, c'est qu'eux seuls ont pu combattre, car ce courage que nous admirons en eux, on l'eût trouvé dans chacune de nos provinces. La France entière était mûre pour la sublime révolution qui vient de s'opérer!

En effet, le cri d'alarme et de liberté parti de la capitale trouva de l'écho dans toutes les villes et dans tous les villages de la France; Alençon elle-même, Alençon si faiblement agitée dans les crises les plus violentes de l'autre révolution, a vu, l'une des premières, ses habitans, électrisés par le feu sacré que Paris faisait circuler partout, se réunir pour voler à son secours.

Le mardi 27 juillet, les fatales ordonnances viennent nous affliger, et, dès le lendemain, toute la jeunesse sur pied surveille les routes et forme le projet d'une garde nationale.

L'exaltation des esprits s'accroît encore le jeudi 29. A trois heures, une lettre annonce la victoire des Parisiens; de nombreux groupes se forment aussitôt, et plusieurs individus courent fort loin au-devant de la diligence Caillard et Lafitte pour arracher des nouvelles au conducteur.

La voiture arrive; la gendarmerie qui l'escorte veut faire reculer la foule, qui aussitôt s'écrie : *Plus de Gendarmes! Charles X est à bas!*

Un lâche espion, envoyé en qualité de colonel de recrutement par l'abominable ministère qui recevait les derniers coups, se tenait à la fenêtre d'un café pour jouer son infâme rôle et recueillir des notes sanguinaires; mais bientôt de fréquentes provocations et les cris *à bas l'espion!* le forcent de se retirer; son arrestation est résolue pour le lendemain, mais il part dans la nuit.

Le soir, on donne au spectacle *la Maison du rempart*, ou *une Journée de la Fronde;* la salle est peu garnie, mais tous ceux qui composent le parterre et l'amphithéâtre saluent par des acclamations et des applaudissemens nombreux tous les traits qui font allusion aux événemens du jour.

Pendant que l'on joue les autres pièces, la salle reste presque dégarnie de spectateurs; tous les jeunes gens se groupent à la porte et improvisent une Garde nationale pour la nuit qui doit s'écouler. Plus de deux cents d'entr'eux montent la garde, et les autres promettent de ne pas se coucher pour être prêts à marcher au premier signal.

L'église est scrupuleusement surveillée ; on veut avoir les clés de la tour en cas de besoin, et la consigne convenue entre les jeunes gens est d'arrêter les diligences, chaises de poste et estafettes, pour vérifier les passe-ports et s'emparer des dépêches.

Une seule poste arrive dans la nuit ; elle conduit un conseiller de préfecture ; il paraît avoir des dépêches verbales pour le préfet, ce qui résulte des interrogatoires qu'on lui fait subir devant plus de quatre-vingts jeunes gens ; alors on le dirige sur la Bretagne, et M. Jules Petithomme, jeune homme âgé de 22 ans, monte seul avec lui dans sa voiture et l'accompagne jusqu'à Saint-Denis-sur-Sarthon.

Le vendredi 30, l'exaltation ne fait que s'accroître. On ne reçoit aucunes nouvelles de Paris, et le public est encore animé des débats du procès correctionnel que le procureur Roi, par ordre du ministère, avait intenté à MM. Mercier, Clerambault et Prudh'omme, qui, nommés juges au tribunal de commerce, ayant prêté serment de fidélité au Roi, d'obéissance à la Charte et aux lois du royaume, étaient montés sur le siége pour protester contre un arrêt de la Cour de Caen, qui les suspendait de leurs fonctions, jusqu'à ce qu'ils eussent prêté serment d'obéir aux ordonnances et réglemens et de les faire exécuter, ainsi que le prescrivait l'ordonnance du 3 mars 1815.

Près de deux mille personnes de tous rangs et de tous états garnissaient l'audience et la place d'armes pour connaître les débats et l'issue de cette importante affaire, qui amenait sur les bancs des prévenus de délits correctionnels trois de nos plus honorables concitoyens.

L'autorité avait eu la prudence d'éloigner la force armée de cette immense réunion, et malgré l'exaltation qui bouillonnait dans toutes les têtes, et le vif intérêt que chacun portait aux estimables prévenus, le plus grand calme avait toujours régné, aucun signe d'approbation ou d'improbation n'avait troublé l'audience ; les chaleureuses et patriotiques plaidoiries de MM. Le Bourgeois, Cheradame et Levé avaient saisi tous les cœurs d'une joie qui, bien que profonde, s'était à peine manifestée par un léger murmure. Leçon sublime pour les autorités futures ! La civilisation rend en quelque sorte en France les gendarmes inutiles; leurs fonctions doivent désormais se borner à la recherche des malfaiteurs.

L'autorité municipale avait promis que la garde nationale serait organisée pour ce jour là; mais ces promesses n'ayant pas été réalisées, il est décidé que les citoyens se réuniront d'eux-mêmes, et dès le soir toute la ville est gardée par une force bien plus imposante que la veille. Chaque chaise de poste et chaque voyageur sont arrêtés.

Le samedi 31, à cinq heures du matin, le courrier annonce la victoire complète des braves Parisiens, et l'enthousiasme est à son comble; toutes les fleurs de lys placées sur les diligences sont arrachées ou effacées par le peuple; on demande formellement que le drapeau tricolore soit arboré, mais le maire répond qu'il ne peut le faire sans ordres supérieurs. Cependant on apprend vers onze heures que la garde nationale va être organisée; aussitôt la foule qui s'agite devant l'hôtel de la préfecture s'empresse de se reporter sur la place d'armes, et les cris *à bas la fleur de lys! qu'on arbore le drapeau tricolore!* partent de toutes les bouches.

M. le Maire, qui a l'imprudence de paraître avec la cocarde blanche devant cette troupe exaspérée, et qui s'obstine à la conserver malgré les cris réitérés *à bas la cocarde!* reçoit un coup de pierre; il est même sur le point de devenir l'objet de plus grandes violences, mais des citoyens amis de l'ordre et favorablement connus pour leur popularité parviennent, par tous leurs efforts, à calmer cette effervescence. Le poste des canonniers contribue aussi, de toutes ses forces, à maintenir l'ordre et à empêcher que l'hôtel de la mairie ne soit envahi par le peuple, animé par la lecture qu'un citoyen avait faite, sur l'impériale de la malle-poste, des journaux qui annonçaient les nouvelles favorables de la Capitale.

Le même jour, vers huit heures du matin, le capitaine de gendarmerie qui avait manifesté une cruelle joie en voyant paraître les ordonnances, est consigné dans son appartement par quelques jeunes gens de la garde nationale improvisée, et gardé jusqu'au soir; quoiqu'on attribuât à cet homme les propos les plus odieux, et qu'il fût peut-être prudent de le garder à vue plus longtemps, cependant on lève les factionnaires établis à sa porte, et le lendemain il disparaît avec son maréchal-des-logis qui professait les mêmes principes que lui.

A-peu-près dans le même moment où l'on consignait ce capitaine, le jeune Petithomme, dont nous avons déjà parlé, part, sur l'invitation de quelques autorités et d'un grand nombre de gardes nationaux, pour aller à Paris avec un habitant de Mayenne qui s'y rendait en poste. Le but du voyage qu'on lui faisait ainsi entreprendre était d'avoir des nouvelles certaines de la Capitale, et de faire connaître aux chefs du gouvernement provisoire les bonnes dispositions des habitans d'Alençon en faveur du nouvel état de choses qu'on organisait. (1)

(1) En passant par Mortagne, nos deux voyageurs font connaître ce qui se passe à Alençon et engagent les habitans à s'organiser aussi en garde nationale.

Avant d'entrer à Paris, ils trouvent campés au village de Trappes trois à quatre mille gardes royaux qui les laissent passer sans difficulté.

Arrivé à Paris le dimanche, à huit heures du matin, le premier soin de Petithomme est de faire la recherche de son jeune frère Armand, garçon sellier, qui, comme tous les autres ouvriers de Paris, avait été mis sans travail le lendemain des ordonnances, et qui, comme eux, n'avait cessé de se battre contre les troupes du despotisme.

Le lundi, il se présente chez le général Lafayette comme député par la garde nationale d'Alençon, et reçoit de la part du grand homme l'accueil le plus flatteur. Le général venait de recevoir plusieurs médailles d'argent portant d'un côté, avec l'effigie du duc d'Orléans, ces mots : *Louis-Philippe d'Orléans*, 31 *juillet* 1830, et au revers, ceux-ci : *Une Charte sera désormais une vérité;* il lui en donne une.

Le mardi, au moment où le Lieutenant-général sort de la Chambre des Députés, le cri *Aux armes!* se fait entendre. Il s'agit de marcher sur Rambouillet, et l'on doit donner, à Versailes, des armes à ceux qui n'en ont pas ; environ 15,000 hommes partent en poste pour s'y rendre, et notre jeune concitoyen s'empresse de se mêler avec eux.

On les fait camper au village de Trappes, et l'on dirige seulement sur Rambouillet 150 individus dont Petithomme fait partie. En arrivant ils apprennent la fuite de l'ex-roi ; quelques gardes royaux restent pour protéger cette fuite ; on les somme de se rendre ; ils répondent par une décharge de mousqueterie, qui tue quelques uns des 150 ; ceux-ci ripostent et forcent les gardes royaux à se rendre. Dans la mêlée, Petithomme se jette sur un sous-lieutenant et lui enlève son épée qu'il a rapportée avec lui.

Le dimanche 1.er août, vers huit heures du matin, un jeune ouvrier arrache la fleur de lys placée sur la lanterne de l'hôtel de ville. Quatre compagnies d'infanterie du 32.e de ligne et deux compagnies de chasseurs à cheval devaient arriver pour renforcer la garnison d'Alençon. On assure que ces troupes sont à la disposition du Préfet; la ville s'inquiète, mais pourtant se dispose à résister. Des pourparlers s'engagent entre le Préfet et le Conseil municipal sur leur éloignement, et le Préfet promet de les faire rétrograder; mais comme on craint des ordres secrets, l'autorité municipale envoie au-devant deux officiers de la garde nationale, porteurs d'ordres pour faire retourner les troupes sur Domfront, lieu d'où elles venaient. Alors un des officiers d'infanterie se détache de sa compagnie pour se rendre à la mairie d'Alençon, et, quoiqu'il prouve par ses discours que ces troupes sont animées du meilleur esprit (ce qui s'est trouvé justifié depuis), il est cependant arrêté que les quatre compagnies d'infanterie se rendront à Domfront jusqu'à nouvel ordre, et que la cavalerie prendra la route de Mamers en passant par les derrières de la ville; le tout est ponctuellement exécuté.

La conduite du Préfet, qui ne semblait avoir été nommé que pour soutenir les fatales ordonnances, paraissait trop suspecte pour qu'on le laissât en fonctions. M. Potier, officier de l'ancienne armée, qui, dès le commencement de ces mémorables journées, et pendant toute leur durée, avait déployé pour la cause de la liberté un dévouement, un courage et une activité dignes des plus grands éloges, va le sommer de quitter la ville dans deux heures, lui déclarant que, passé ce temps, il ne répond plus de sa tête; le Préfet demande alors une sauve-garde, et M. Potier, lui-même, l'accompagne jusqu'à six lieues de la ville.

L'autorité municipale, toujours attachée à l'ancien ordre de choses, cherche, par ses lenteurs, à paralyser les efforts que font les citoyens pour faire prospérer celui que le gouvernement provisoire veut établir; alors on résout de la dissoudre. M. Laborde, commandant des vétérans, se rend à cet effet à une heure sur la place d'armes, à la tête de ses soldats et d'un grand nombre de gardes nationaux armés; tous avaient remplacé la cocarde blanche par ces mots : *Honneur, Patrie et la Charte.* Il offre son bataillon pour marcher au secours de Paris; grand nombre de jeunes gens se présentent pour partir sous ses ordres ; il leur fait distribuer 40 fusils qu'il a à sa disposition, et le soir, à sept heures, ils se mettent en marche précédés du drapeau tricolore.

Un nombre considérable des jeunes gens veulent accompagner les vétérans, et si tous ne partent pas, c'est que le commandant les prie de rester en les assurant qu'il les appelera aussitôt qu'il jugera leur présence nécessaire ; ceux qui le suivent le font malgré lui.

Avant ce départ, le maire et les adjoints, dont l'autorité n'est plus reconnue, avaient déjà donné leur démission ; le conseil municipal s'adjoint alors douze membres nouveaux, et ainsi composé, il nomme provisoirement M. Bonnet aîné pour maire, et MM. Chenel, vice-président du tribunal, et Lindet-Dupont, négociant, pour adjoints.

Le même jour, à trois heures, la malle-poste arrive escortée de plusieurs officiers de la garde nationale qui étaient allés à six lieues au-devant d'elle pour empêcher la soustraction des dépêches ; le conducteur porte les trois couleurs. La foule est partout si grande et se presse avec tant d'enthousiasme autour de la voiture, qu'elle ne peut traverser la ville qu'au pas ; chacun des chevaux est surmonté d'un Alençonnais portant les couleurs nationales.

Le cortége arrivé devant le bureau de la poste, un citoyen se met à une fenêtre et lit un journal au peuple, qui salue par d'innombrables *vivat* la *ville de Paris*, le *duc d'Orléans*, la *Charte* et la *Liberté*.

Le soir, à sept heures, le drapeau tricolore, qui avait été montré dès midi au peuple qui le demandait avec instance, est arboré à l'hôtel de ville. Il y a relâche au théâtre et illumination générale. (1)

---

(1) Le supplément du Constitutionnel du 7 août contient, à la seconde colonne de la première page, un article dans lequel M. Laborde revendique l'honneur d'avoir fait arborer le drapeau tricolore à Alençon, d'avoir intimé au préfet l'ordre de sortir de la ville, et de l'avoir fait accompagner par un propriétaire nommé Sottier.

Nous ne prétendons pas enlever à M. Laborde la part de gloire qu'il s'est acquise dans les actes qui ont distingué notre ville ; nous la lui laissons toute entière en faisant le récit exact des faits ; mais qu'il nous

Le lundi 2, on s'occupe de faire un relevé des rôles et de dresser des listes pour organiser la garde nationale d'une manière définitive; celle qui existait provisoirement continue de faire son service avec une grande activité, et d'arrêter tous les voyageurs pour vérifier leurs papiers. Les vétérans, en partant pour Paris, avaient confié à nos soins leurs femmes et leurs enfans; une souscription est ouverte pour venir à leur secours, et elle fournit d'avantageux résultats.

Le mardi 3, on adjoint une commission composée de MM. Mercier, député, Bertre, propriétaire, Lebourgeois et Cheradame, avocats, au maire et aux adjoints provisoires. Ce jour là, les membres de la garde nationale devaient nommer leurs chefs, mais l'autorité municipale prend un arrêté de prorogation; le travail préparatoire fait trop précipitamment n'est pas exact. Elle écrit aussi au lieutenant de gendarmerie pour faire arborer, à la caserne, le drapeau tricolore, et donne l'ordre au commissaire de police de le faire placer sur tous les édifices publics.

Le même jour, un habitant de Domfront écrit à Alençon que le sous-préfet et le lieutenant de gendarmerie de sa ville, aidés de quelques mauvais citoyens, compriment l'élan patriotique qui veut se manifester. Aussitôt deux Alençonnais partent en chaise de poste avec un drapeau tricolore, plus de 200 cocardes et toutes les proclamations qui étaient alors connues. Arrivés sur la place publique de Domfront, ils sont promptement entourés

---

permette de relever ici les deux inexactitudes que contient l'article du journal.

La première concerne le drapeau. Il est à notre connaissance personnelle que, dès huit heures du matin, la fleur de lys avait été enlevée afin d'y substituer, dans la journée même, le drapeau tricolore, ce qui a eu lieu sans l'intervention ni même l'avis de M. Laborde.

La seconde est relative au préfet. C'est M. Potier lui-même, et non pas M. Sottier, qui est allé de son propre mouvement faire sommation au préfet de quitter la ville, et qui s'est offert pour l'accompagner. Le bruit public nous avait appris ce fait, et M. Potier nous l'a particulièrement confirmé, en ajoutant même que c'était sur la proposition qu'il en avait faite à M. Laborde que celui-ci avait consenti à se joindre aux citoyens avec ses vétérans.

par une foule immense d'habitans et de militaires dont ils excitent l'enthousiasme par leurs discours, et qui s'empressent tous d'arborer les couleurs nationales aux cris de *Vive la Liberté !* Ces braves Alençonnais se rendent ensuite chez le sous-préfet et le destituent au nom de ses administrés.

Le brave général comte Bonnet, notre concitoyen, qui, parti au commencement de la révolution de 89 dans un des premiers bataillons de volontaires, s'est depuis distingué en servant son pays, reçoit dans la nuit du 3 au 4 les pouvoirs les plus étendus de la part du gouvernement provisoire pour administrer la 14.e division militaire. En conséquence de ces pouvoirs, il nomme à l'instant M. le général Cavalier, commandant de notre département; M. Bertre, commandant en chef de la garde nationale, et M. Davoust, commandant en second. Il établit pour préfet M. Laylavoix, déjà secrétaire-général de la préfecture; M. Hommey-Margautier, avoué, pour maire de la ville; MM. Cheradame et Lindet-Dupont, pour adjoints, et nomme M. Potier, dont nous avons déjà parlé, sous-préfet de l'arrondissement de Domfront.

Le mercredi 4, vers onze heures du matin, des enfans qui étaient allés un peu loin sur la route de Paris, ayant aperçu quelques soldats de la garde royale qui se rendaient à Alençon, reviennent promptement à la ville; leur imagination effrayée en avait dix fois centuplé le nombre, et les récits hyperboliques auxquels ils se livrent prennent d'autant plus de consistance dans certaines têtes, que, la veille, un courrier dépêché par le gouvernement provisoire annonçait que Charles X passerait par Alençon, et apportait des ordres pour que les maîtres de poste missent 300 chevaux à disposition sur la route qu'il devait parcourir.

Un de nos plus estimables concitoyens, saisi d'une espèce de peur panique, d'après la fausse nouvelle qu'avaient apportée les enfans, jette l'alarme dans la ville, crie aux armes dans toutes les rues par où il passe, et fait battre la générale et sonner le tocsin.

Si cette fausse alerte, en jetant l'effroi dans le cœur de quelques individus, fait un peu de mal, il est bien amplement compensé par le bien public qu'elle opère. En effet, les habitans d'Alençon et de la banlieue n'étaient pas auparavant sûrs les uns des autres; cette alerte leur prouve qu'ils peuvent compter sur un appui réciproque, et qu'ils sont tous aussi dignes que les Parisiens de jouir des douceurs de la liberté.

Dans un instant, toutes les boutiques sont fermées, les rues barricadées, et, dans moins de deux heures, toute la place d'armes est couverte d'individus prêts à combattre; les vieillards et les enfans même, tous arrivent en armes avec cet empressement et ce calme qui annoncent le vrai courage.

Les habitans du faubourg Montsort, dont la réputation de bravoure dans notre ville égale celle des habitans de Saint-Antoine et de Saint-Marceau dans Paris, sortent de leurs ateliers et arrivent au nombre de plus de quatre cents, tous armés de ce qu'ils ont trouvé sous leurs mains. Les habitans des faubourgs de Damigny et de Courteille, quoique éloignés de plus d'une demi-lieue de la ville, ne se font pas non-plus attendre. On a su depuis que toutes les campagnes voisines se mettaient aussi en marche, et qu'elles ne s'arrêtèrent qu'après avoir acquis la certitude que cette alerte était fausse.

Ce généreux élan de toute notre population remplit de joie le cœur de notre brave général, qui voit avec un vif plaisir que les Alençonnais de 1830 ne le cèdent en rien aux Alençonnais de 89, et qu'autant qu'eux au moins ils sont dignes de vivre libres. Il profite de cette circonstance pour nous faire exécuter plusieurs marches qui lui prouvent notre zèle plus que notre habileté. On organise ensuite les compagnies; la plupart nomment sur-le-champ leurs chefs; on lit au centre de chacune le discours du Lieutenant général du royaume à l'ouverture des chambres; ce discours est accueilli par des applaudissemens unanimes.

Le jeudi, le vendredi et le samedi, la garde nationale complète son organisation. Le jeudi, après le spectacle, plusieurs acteurs chantent diverses chansons patriotiques composées les unes par eux-mêmes, d'autres par des auteurs de Paris, et une par un habitant d'Alençon. (1)

Le dimanche 8, après le spectacle ordinaire, les acteurs jouent un petit impromptu fait par M. Poligny, l'un d'eux. Cet impromptu,

(1) Toutes les Chansons patriotiques composées par des habitans d'Alençon sont imprimées à la fin de ce récit, avec le nom des auteurs et l'indication du jour et du lieu où elles ont été chantées.

semé de fort jolis couplets, et ayant pour titre le *Départ des Alençonnais pour Paris*, est suivi de trois chansons patriotiques composées par trois habitans de la ville, et d'une autre composée par l'un des acteurs. Tous ces chants patriotiques sont couverts d'innombrables bravos.

Le lundi 9, le général Bonnet, et le général Rémond, de Domfront, chargent M. Cheradame d'une mission confidentielle auprès des commissaires établis pour surveiller le voyage de Charles X. M. Cheradame est de retour dans la nuit même, et aussitôt le général Rémond, d'après les ordres que M. Cheradame lui rapporte, ordonne de diriger sur Argentan et sur Domfront des détachemens de volontaires de la garde nationale, pour hâter le départ de l'ex-Roi, et empêcher qu'il ne réunisse quelques partisans sur son passage. M. Potier est en même temps chargé d'aller en poste réunir les gardes nationales qu'il a organisées dans l'arrondissement de Domfront, et d'en diriger, pour la même cause, le mouvement sur Flers, Tinchebray et Vire.

Le soir même on apprend d'une manière officielle l'avénement de Louis-Philippe I.er au trône, et, malgré la grosse pluie qui tombe sans relâche, cette nouvelle est à l'instant publiée à son de tambour par toute la ville, à la tête de la garde nationale, de la compagnie de vétérans, de la gendarmerie et d'un bataillon du 32.e de ligne, dont on a précédemment parlé, et qui, maintenant, fait partie de la garnison d'Alençon.

Le détachement de volontaires destiné à marcher sur Argentan part, malgré une forte pluie, dans la nuit du 9 au 10. En arrivant à Seès, le matin, il reçoit de la part des habitans l'accueil le plus flatteur. Des détachemens de gardes nationaux de Mortagne et du Mêle-sur-Sarthe étaient déjà dans cette ville, qui elle-même en fournit un. Alors le commandant Laborde, que le gouvernement provisoire avait nommé lieutenant-colonel, donne à ces détachemens réunis des ordres pour se diriger sur Briouze, en passant par Mortrée, Argentan et Écouché, et le soir, sur les neuf heures, ils arrivent au lieu de leur destination, au nombre de 223 hommes; beaucoup d'individus s'étaient réunis à eux sur la route.

Le Lieutenant-colonel Laborde dépêche sur-le-champ deux ordonnances à Flers où se trouvait le général Rémond, pour avoir de nouvelles instructions, et, le lendemain matin 11 août, ces deux ordonnances de retour rapportent l'ordre à chacun des détachemens de regagner leurs villes respectives.

A dix heures du matin, tout est prêt pour le départ.

Cependant le curé de Briouze, qui, à l'apparition des fatales ordonnances, imitant la conduite de la plupart des jeunes prêtres fanatiques que le jésuitisme vomissait dans les campagnes, avait poussé de sinistres cris de joie et lancé contre les constitutionnels des paroles d'extermination, dans cette chaire du haut de laquelle tout ministre des autels ne devrait laisser couler sur les humains que des paroles de paix et de concorde, se trouvait à son presbytère, et l'on fut curieux de voir, avant le départ, quelle contenance tiendrait cet ecclésiastique si on l'invitait à bénir le drapeau tricolore. Cette invitation lui est faite, et l'on voit, avec plus de plaisir que de surprise, ce prêtre, si hardi et si menaçant, lorsque naguère, aveuglé par la rage, il croyait son triomphe assuré, ne plus présenter après sa chute qu'un aspect doux et timide. Il jugeait sans doute, mais à tort, le cœur des libéraux d'après le sien; il croyait avoir à craindre de terribles représailles; il s'empresse de se revêtir de ses ornemens sacerdotaux et se rend sur la place où les détachemens l'attendaient sous les armes dans l'ordre le plus parfait, et là, après les prières d'usage, il bénit les trois couleurs. Puisse son cœur avoir approuvé les paroles qu'a prononcées sa bouche!...

La cérémonie terminée, le colonel Laborde prononce une allocution patriotique qui est accueillie aux cris de *Vive la Liberté! vive Louis-Philippe* I.er, *Roi des Français!* et l'on se met en marche pour le retour.

Le détachement destiné pour Domfront part le mardi 10 août, à trois heures du matin; il se monte à 80 hommes et se compose de la compagnie de canonniers, qui ne compte presque dans ses rangs que des soldats de l'ancienne armée, et d'un détachement des compagnies de chasseurs de la garde nationale. Les canonniers, tous en grand uniforme, étaient commandés par M. Hamel, avoué, leur sous-lieutenant, et les chasseurs par M. Houet, aussi sous-lieutenant. A huit heures du matin, le général Rémond nomme M. Hamel commandant de tout le détachement qui arrive à Domfront dans la journée. Les habitans et les autorités de tous les bourgs qui se trouvent sur la route reçoivent nos concitoyens comme des frères; seulement à Pré-en-Pail ils sont moins bien accueillis; mais on doit aux habitans de ce bourg la justice de dire que le maire seul, qui ne partageait pas nos opinions constitutionnelles, fut coupable dans cette circonstance, car M. Marage, commandant de la garde nationale de ce lieu, et dont le patriotisme est bien connu, s'empressa de faire délivrer à nos soldats-citoyens tous les moyens de transport que leur refusait le maire. Arrivés à Domfront, les cris *Vive la Garde nationale d'Alençon!* partent de toutes les bouches, et les soins les plus affectueux leur sont prodigués par tous les habitans.

Le général Rémond avait laissé une lettre à M. Hamel, dans laquelle il lui donnait des ordres pour se tenir prêt à partir au point du jour avec ses compagnons, et quoique exténués par une marche de quinze lieues pendant laquelle la pluie n'avait cessé de tomber à torrent, ils sont cependant prêts à se mettre en marche à huit heures du matin; mais, dans ce moment, M. Hamel reçoit du général Rémond une autre lettre qu'il est utile de transcrire ici pour justifier ce que nous venons de dire sur le courage de nos concitoyens.

Flers, 11 août 1830, au matin.

« Le convoi de la famille qui vient d'être déchue du trône s'étant » réduit à moitié, j'en profite avec empressement pour vous donner » l'ordre de rentrer à Alençon, en vous servant des mêmes moyens de » transport avec lesquels vous venez de faire le voyage.

» Je me fais un devoir de signaler au Gouvernement le dévouement » avec lequel vous avez fait 15 lieues le même jour pour gagner les » flancs du convoi, et l'enthousiasme patriotique avec lequel vous » sortîtes des rangs lorsqu'on demanda des hommes de bonne volonté. » Agréez personnellement aussi, Monsieur le Commandant, ainsi que » vos canonniers, l'assurance de mon estime et de ma considération. »

Le général,

V. RÉMOND.

M. Hamel nous a assuré que ses canonniers furent en quelque sorte affligés de cette lettre; ils manifestaient tous le désir d'avoir une occasion de signaler leur courage, afin de prouver à leurs concitoyens qu'ils n'avaient rien perdu de leur ancienne intrépidité, et qu'on pouvait compter sur eux dans un moment de danger.

La garde nationale de Domfront et un grand nombre de citoyens firent la conduite à notre brave détachement. Ils échangèrent leurs drapeaux et se séparèrent aux cris de *vive la Liberté! vive Lafayette! vivent les Gardes nationales de Domfront et d'Alençon!* On reçut partout sur la route l'accueil le plus cordial, et les tambours et la musique de notre ville se transportèrent à un quart de lieue au-devant de leurs frères.

Nos deux détachemens furent de retour à-la-fois le jeudi soir. Celui qui était allé sur Argentan avait ramené avec lui les détachemens de Mortagne et du Mêle, qui formaient un total d'environ trente hommes. Il y avait spectacle, et là on commence à former le projet de donner un banquet à ces braves jeunes gens, ainsi qu'aux officiers du 32.e de ligne.

Le lendemain on commence à mettre ce projet à exécution. Plusieurs jeunes gens ouvrent des listes qui sont bientôt couvertes d'un grand nombre de signatures; les invitations sont faites, et trois commissaires désignés pour faire préparer un dîner de 180 couverts.

Le banquet eut lieu dans l'hôtel de l'ancienne sénatorerie; on y compta 221 convives; une table seule, placée dans la galerie de l'hôtel, contenait 114 couverts, sur deux lignes, ce qui produisait un effet de perspective vraiment admirable. M. Clogenson, notre nouveau préfet, assistait à cette table.

Dans le grand salon qui communique à la galerie par deux portes, une table établie en fer à cheval, et à laquelle se trouvaient les nouvelles autorités municipales, reçut environ 80 convives.

Les autres, qui avaient avec eux une grande partie des autorités militaires, furent placés à une autre table, dans le petit salon qui communique avec le grand salon et la galerie.

Le soir, à huit heures, tout le monde était à table dans le plus grand ordre. Toutes les tables étaient ornées de fleurs; le drapeau tricolore y flottait, et divers écussons, placés dans les endroits les plus apparens, portaient ces mots que l'on y avait fait peindre exprès pour la fête : *Vive Louis-Philippe I.er ! vive Lafayette ! Honneur et Patrie ; Liberté et Ordre public.*

Le repas fut dressé aussi bien qu'il était raisonnable de l'espérer par rapport à la précipitation avec laquelle tout avait été fait ; d'ailleurs, la joie que chacun éprouvait faisait facilement oublier tout ce que, dans une autre circonstance, on aurait pu désirer de mieux ; toutes les âmes, échauffées par le patriotisme le plus pur, avaient plus besoin d'alimens que le corps, et elles purent amplement se satisfaire.

Aussitôt le dessert arrivé, un des convives est invité à chanter la chanson n.o 5, que le rédacteur de cet article avait improvisée pour le banquet ; le plus grand silence règne aussitôt, et le chanteur se place de telle sorte que sa voix sonore parvient à toutes les oreilles.

Cette improvisation, que la bonne intention de l'auteur fait accueillir très-favorablement, est le prélude de plus de vingt autres chansons patriotiques, parmi lesquelles la Marseillaise et les sublimes productions de notre illustre De Béranger figurent au premier rang.

Les chants patriotiques, vivement sentis par tous les assistans, se font entendre jusqu'à près de deux heures du matin, et lorsqu'il s'agit de se séparer, quelques uns de MM. les officiers du 32.e ne peuvent s'empêcher de s'écrier, tant était grand l'enthousiasme : « Non, jamais de pareilles fêtes ne devraient finir. »

Notre compagnie de vétérans, les soldats du 32.e de ligne et tous les autres militaires qui se trouvaient à Alençon, purent aussi partager l'alégresse de leurs chefs : nous avions eu soin d'y pourvoir en mettant à leur disposition d'amples provisions de vin et de comestibles.

A six heures du matin, le tambour annonce le départ de nos hôtes de Mortagne et du Mêle, et plus de quarante Alençonnais vont les conduire jusqu'aux voitures qui les attendaient, et échangent avec eux des adieux vraiment fraternels.

Ici se termine le récit des faits les plus importans dont Alençon a été le théâtre pendant les mémorables journées de cette révolution inouie dans les fastes de l'histoire de toutes les nations, et qui doit fixer pour toujours les destinées de l'Europe, et peut-être du monde entier.

Puisse cet essor patriotique, aussi général que spontané, avoir une éternelle durée ! Puissent les hommes que les Français et leur Roi vont investir du pouvoir, ne pas oublier qu'ils sont sortis des rangs du peuple, et qu'ils lui doivent égards et protection! Qu'ils se rappellent que c'est de la jeunesse et de la classe ouvrière qu'ils tiennent leur nouvelle puissance; que, sans elles, la France était encore pour longtemps asservie !

Que leurs oreilles et leurs cœurs sachent toujours entendre et sentir, sans s'offenser, la brusque franchise des accens patriotiques, et qu'ils soient de marbre pour les paroles emmiellées de ces lâches esclaves de toute espèce de pouvoirs, qui, bien que sortis de la *roture*, et enrichis par elle, dégradaient leur nom *roturier* par une insolente particule, et cherchaient, par une sotte réciprocité d'adulation, à se faire oublier leur naissance plébéïenne pour se parer de titres qui ne leur appartenaient pas !

Qu'ils laissent pourrir dans la poussière de leurs anti-chambres ces viles créatures de tous les pouvoirs qui ont crié vivat sous tous les gouvernemens et n'ont jamais montré leur tête hideuse au moment du danger, mais lorsqu'il s'est agi de partager les dépouilles ! Qu'ils flétrissent de leur réprobation ces êtres dont l'âme avilie ne peut pas comprendre que Wasingthon, Lafayette et Bolivar soient des hommes plus grands qu'Alexandre, César et Bonaparte ; qu'ils repoussent ces vautours qui se plaisent à escorter le char du despotisme, parce que le despotisme ne vit que de cadavres dont ils peuvent, sans péril, dévorer quelques lambeaux, tandis qu'en suivant le char de la liberté, il leur faudrait, aigles courageux, combattre à chaque instant pour trouver leur pâture, et qu'ils n'en ont ni la vertu ni le courage! ....

CHANSONS PATRIOTIQUES.

N.° I.

HOMMAGE AUX PARISIENS, HAINE A POLIGNAC.

CHANT PATRIOTIQUE.

AIR : *Dis-moi, mon fils, dis-moi, t'en souviens-tu ?*

MINISTRE affreux, tu voulais des esclaves :
Ta voix impie arma mille bourreaux ;
Mais pour briser tes perfides entraves
La Capitale enfanta des héros.
La Liberté ! . . . . . non, rien ne peut l'abattre,
Et leur succès nous l'assure à jamais,
Car l'étranger, en les voyant combattre,
(Il le disait) voudrait être Français.

Jeunes héros, dont le courage étonne,
Vous n'êtes plus, mais vos noms sont restés ;
Qu'en votre honneur s'élève une colonne,
Et par nos mains vous y serez portés !
Vous relevez le destin de la France,
Et votre vie, aux cris de Liberté,
S'achève, hélas ! . . . mais non, elle commence,
Car vous marchez à l'immortalité !

Honneur surtout aux Enfans de l'Ecole,
Dignes soutiens de nos droits méconnus ;
La Liberté fut toujours leur idole,
Par eux ses cris ont été reconnus.
L'un d'eux frappé, dans le palais succombe
Près de ce trône à jamais renversé ;
Mais ses degrés lui servirent de tombe :
Ah ! pour mourir qu'il était bien placé !

Eugène DEVILLIERS, d'Alençon.

N.° 2.

HOMMAGE AUX HABITANS D'ALENÇON.

CHANT PATRIOTIQUE ET HISTORIQUE.

Alençonnais, autrefois si tranquilles,
Quel noble feu brille dans vos regards !
Vous devancez toutes les autres villes
Et des combats vous bravez les hasards !
Vos monumens, d'un drapeau qu'on adore,
Ont des premiers vu flotter les couleurs,
Et le courage électrisait vos cœurs
Quand vous pouviez trembler encore.

La Liberté voyait fermer son temple ;
Pour le rouvrir, calmes et courageux,
Des Parisiens, suivant le noble exemple,
Vous vouliez vaincre et pardonner comme eux.
Dans vos foyers, armés par la prudence,
C'était trop peu de défendre vos jours,
Et de Paris vous voliez au secours
Pour l'aider à sauver la France.

Quand le tocsin vous appelait aux armes,
N'a-t-on pas vu les vieillards, les enfans,
Tous accourir le front exempt d'alarmes,
Et pour combattre oser grossir les rangs.
Vos ennemis, au fond de leur repaire,
Par cet élan sont restés atterrés ;
Et dans leurs cœurs, vainement ulcérés,
La peur a vaincu la colère.

Les champs aussi nous ont montré leurs braves ;
Honorons-les, ils connaissent leurs droits ;
Le fanatisme a perdu ses esclaves ;
Sur ses débris vont s'élever les lois.
Pour tous les yeux a brillé la lumière ;
Vils oppresseurs, tout est fini pour vous ;
Vous n'avez plus qu'à vous unir à nous
Ou qu'à rentrer dans la poussière.

D'autres encor sont dignes de mémoire ;
Les vétérans vous ont tendu les bras;
Ils sont venus partager votre gloire ;
Rendez honneur à ces braves soldats.
Ils sont partis pour aller vous défendre,
Mais parmi nous leurs femmes, leurs enfans
Sont demeurés..... Leurs besoins sont pressans :
Que vos cœurs sachent les comprendre.

Avec plaisir je vois à votre tête
Un vieux guerrier, votre concitoyen,
Qui, dans les camps affrontant la tempête,
De s'ennoblir a trouvé le moyen.
A sa noblesse on peut porter envie,
Car il la doit à sa rare valeur ;
Sous ses cordons s'agite un noble cœur,
Un cœur ami de la Patrie.

Bien d'autres chefs méritent votre hommage ;
Amis, surtout, sachez les distinguer :
Aux intrigans refusez tout partage
Dans les faveurs qu'il faudra prodiguer.
Sur leurs complots portez des yeux sévères ;
Rappelez-vous qu'en un temps détesté,
Dans l'esclavage, aux cris de liberté,
Ils ont déjà plongé vos pères.

C. Marchand, d'Alençon.

N.° 3.

COUPLETS

FAITS A L'OCCASION DU TRIOMPHE DE LA CAUSE CONSTITUTIONNELLE.

Air : *Dis-moi, mon fils, dis-moi, t'en souviens-tu ?*

Ils sont tombés ces géants politiques,
Qui trop longtemps insultèrent aux Cieux !
Ils sont tombés ! et les foudres civiques
Ont réprimé leurs complots odieux.

Des libertés l'astre se renouvelle
Et chasse au loin l'astre ennemi du jour :
Voyez briller sa lumière immortelle ;
Braves Français, célébrez son retour. } *bis.*

Ils avaient dit, dans leur brutale rage,
La France est libre, assujettissons-la ;
Couvrons ses fils de honte et de servage;
Ils l'avaient dit, mais la France était là !
Sur l'Océan la tempête excitée
A ballotté le vaisseau de nos droits ;
Mais la tempête, en sa course arrêtée,
L'a vu surgir une seconde fois.

Oui, de nos droits l'arche sainte et sacrée
Surgit au port en dépit des tyrans ;
La Liberté, des Français révérée,
Déjà sourit à ses nobles enfans.
Honneur à vous, vaillans fils de Lutèce,
A dit la Seine au fond de ses roseaux ;
Votre vertu demeurera sans cesse
Eternisée à l'égal de mes eaux.

Nous avons vu des vandales impies,
Contre la presse aiguisant leurs poignards,
De la censure exhumer les harpies,
Pour dévorer notre gloire et nos arts.
Mais tôt ou tard la vertu se relève,
Et chasse enfin le crime et ses suppôts ;
Les fers rompus se transforment en glaive,
La honte en gloire, et l'esclave en héros.

De prêtres faux la démence infernale
Porte en tous lieux la flamme et la terreur;
Qui le croirait ? la crosse épiscopale
S'est convertie en brandon destructeur ;
Mais l'univers, qu'un Dieu vengeur protège,
Des noirs forfaits commis par les humains
Verra tomber la foule sacrilége
Sous les bûchers qu'ont allumés leurs mains.

Oublions-les ! Qu'une même cocarde
Pare nos fronts de sa triple couleur.
Rappelons-nous que notre vieille garde
Porta jadis ces insignes d'honneur.
Espérons tout d'un Prince magnanime,
Pour qui la Charte est une vérité,
Et crions tous, d'une voix unanime,
Vive le Roi ! vive la LIBERTÉ !

Par un Anonyme.

N.° 4.

CHANT PATRIOTIQUE.

Air d'Aristipe.

DEPUIS quinze ans le Français magnanime
Courbait son front sous un joug odieux ;
Mais la Patrie a de sa voix sublime
Frappé les cœurs par ce cri glorieux !
Peuple, debout, la Liberté t'appelle ;
Cours relever ses autels abattus !
Sois généreux ! sache mourir pour elle,
Et les tyrans sont à jamais vaincus !

O Liberté ! déité de la France,
Dans tous les cœurs brûle ton feu sacré ;
Le Peuple-roi, retrouvant sa vaillance,
Va des tyrans abaisser la fierté.
Malgré le fer de leur viles cohortes,
Foulant aux pieds les esclaves des rois,
De leurs palais il a brisé les portes !
Tremblez tyrans, il a repris ses droits.

Salut ! salut ! ô ma noble Patrie !
Un ciel plus pur brille sur tes destins ;
Sous tes drapeaux la Liberté chérie
A réuni ses héros citoyens !
Ils sont vainqueurs et l'hydre est terrassée,
Ah ! de ces preux célébrons les hauts faits ;
Gloire aux martyrs de la cause sacrée !
Leurs noms chez nous ne périront jamais.

Des rois jaloux craignons peu la colère ;
Nous braverons leurs efforts impuissans ;
Dans tous les temps la gloire nous fut chère,
Et d'Austerlitz nous sommes les enfans.
Non, plus de sang! tous les peuples sont frères.
Bientôt par eux notre exemple imité
Les ralliera sous la même bannière :
Mort aux tyrans, liberté ! liberté !

Par M. Bonnet fils, d'Alençon.

N.° 5.

IMPROVISATION

Pour le banquet offert par la Garde nationale d'Alençon, le 13 août 1830, à la Garde nationale de Mortagne et aux Officiers du 32.e régiment de ligne.

Air : *Dis-moi, soldat, dis-moi, t'en souviens-tu ?*

Les potentats, dans leur coupable rage,
Avaient juré d'asservir leurs sujets;
Partout leurs pas imprimaient l'esclavage,
D'affreux Séjans secondaient leurs projets.
Pour déjouer la fatale alliance
Que ces tyrans osaient former entr'eux,
Un peuple seul, la généreuse France,
Pouvait tenter un effort courageux.

Mais sous le joug d'un despote inhabile,
Que dirigeait un sombre confesseur,
Depuis long-temps la plainte était stérile,
Tout languissait sous ce joug oppresseur.
Environné de nombreux janissaires,
Lâches suppôts de son autorité,
Ce roi cruel les changeait en sicaires,
Quand s'échappait un cri de liberté.

Ressort courbé sous ses mains trop débiles,
Le Parisien hier s'est redressé,
Et le tyran, ses phalanges serviles,
Son trône même..., il a tout renversé.
De nos soldats il croit l'âme flétrie;
Mais, vaine erreur, ils sont tous citoyens;
La *ligne* aussi sait chérir sa patrie;
Pour l'asservir on n'arme pas ses mains.

Dans ce banquet, l'étendard tricolore
Prête à nos fronts une mâle fierté ;
Loin du tyran, que le chagrin dévore,
Amis, buvons à la fraternité !
Peuple et soldats doivent s'aimer en frères ;
Et si les rois voulaient encore s'unir,
Ah ! marchons tous sous les mêmes bannières,
Et sans effort nous saurons les punir.

Buvons encor au héros des deux mondes,
Aux Députés, au Roi national ;
La Liberté va, sous leurs mains fécondes,
S'ouvrir partout un chemin triomphal.
N'oublions pas surtout la jeune France
Et l'artisan, défenseurs de nos droits ;
Rappelons-nous que leur noble vaillance
A ramené le règne heureux des lois.

Amis, buvons à ce sexe adorable
Qui des blessés a soulagé les maux ;
Au peuple anglais dont la main secourable
Vient par ses dons s'unir à nos travaux.
Au monde entier nous pouvons boire encore ;
La Liberté va briser tous les fers ;
D'un pôle à l'autre on va la voir éclore :
Braves Français, buvons à l'Univers.

C. Marchand.

N.° 6.

LE TRIOMPHE DE LA LIBERTÉ.

STANCES LUES SUR LE THÉATRE D'ALENÇON LE 10 AOUT 1830.

Eripuit populus fulmen sceptrumque tyrannis.

Égorgez, criaient-ils, dans ces jours de carnage,
Égorgez-les ! la mort ou l'esclavage !!
Ils disaient, et déjà le sang coule à grands flots ;
Mais la France assoupie, à ce cri sanguinaire,
Se réveille, et soudain du pied frappant la terre
En fait sortir un peuple de héros.

Ils marchent : arrêtez, malheureux que vous êtes,
Arrêtez... voyez sur vos têtes
Mille glaives vendus balancer le trépas ;
Vos frères mutilés joncher le champ d'alarmes ;
Pour les venger, où sont vos armes ?
— En faut-il d'autres que leurs bras.

Oui leurs bras : et demain, au lever de l'aurore,
Ce peuple qu'aujourd'hui la mitraille dévore,
Ce peuple, dont le sang devrait être épargné,
A son tour versera, dans sa juste vengeance,
Le sang que vous deviez verser pour sa défense,
Et ses bourreaux auront régné.

Le voyez-vous déjà ce brave dont l'audace
Malgré le fer, le feu des bataillons,
Sur un canon s'élance... il le serre, il l'embrasse;
« Il est à moi!! courage compagnons!!
C'est un enfant de l'immortelle école,
Et la Gloire, à ce trait, d'Austerlitz et d'Arcole,
A cru revoir les vieilles légions.

Siècles futurs, pourrez-vous bien le croire,
Lorsqu'entrouvrant les fastes de l'histoire
De Clio le sanglant burin
Vous dira : que trois jours d'efforts et de vaillance,
Que trois jours ont suffi pour arracher la France
Aux vautours dévorans qui déchiraient son sein!

Poursuis, ô mon pays, couronne ta victoire,
Reprends dans l'univers et ton rang et ta gloire,
Montre à tes tyrans abattus
Que du Peuple français le dévouement sublime
Sait, alors que *Tarquin* l'opprime,
Opposer à ses coups le glaive de *Brutus*.

Poursuis... mais souviens-toi qu'au jour de tes alarmes
L'*Union* fit la *force*, et que voilà les armes
Qui peuvent tout, par qui tout est dompté;
Souviens-toi qu'avec *elle* on ébranla le monde,
Que c'est *elle* aujourdhui qui t'affranchit et fonde
L'empire de la Liberté!

Liberté, Liberté!! de ma belle patrie
Les cruels à jamais croyaient t'avoir bannie;
Mais toi, rompant enfin le *ban* qui te poursuit,
Tu viens ressaisir ta couronne
Et replanter au haut de ta noble colonne
Ton drapeau comme toi proscrit.

Salut au vieux compagnon d'armes
Des vieux soldats de Fleurus et d'Eylau;
Salut à l'étendard encor mouillé des larmes
Des rois vaincus à Marengo,
Au drapeau... mais silence!.. au nom de leur bannière,
N'ai-je pas vu s'agiter la poussière
Des héros morts à Waterloo!

Soldat du drapeau tricolore,
O d'Orléans, toi que la France implore,
A ce noble appel de l'honneur
Viens, et si quelque roi peut le porter encore,
Viens mériter le nom de bienfaiteur;
Oui viens, et si jamais quelque horde nouvelle
Sur notre sol encore osait jeter le deuil,
Fils de la liberté, triomphe ou meurs pour elle,
Son étendard doit être ton linceuil.

Pour vous, déplorables victimes
De ces forfaits qu'un roi nommera légitimes,
Vos brevets d'immortalité
Sur les pavés sanglans inscrits par la victoire,
De vos tyrans accusant la mémoire,
Consacrent vos exploits à la postérité.

Sur vos sacrés tombeaux, puisse une autre colonne
S'élever et sans cesse aux héritiers du trône
Rappeler leurs devoirs, et le peuple et ses droits;
Et, de les violer s'ils ont jamais l'audace,
Du châtiment qui les menace
A l'avenir épouvanter les rois.

Là viendront, chaque jour, une mère éplorée,
Un père en cheveux blancs, une épouse adorée,
Apporter en tribut leur prière et leurs pleurs;
Là, vos frères, l'âme attendrie,
D'une main qu'en ces jours la gloire aura meurtrie,
Graveront, en posant leurs couronnes de fleurs :
AUX BRAVES MORTS POUR LA PATRIE !!

Th. WAINS-DESFONTAINES.

Le dimanche 22 août, nous avons appris que M. D'Hostel, l'un de nos concitoyens, qui s'était distingué avec ses camarades de l'école polytechnique dans les célèbres journées de juillet, venait de rentrer dans nos murs. Aussitôt l'autorité municipale et les officiers de la garde nationale ont résolu de réunir les gardes nationaux et de se rendre à leur tête au domicile de ce jeune homme pour le complimenter et lui offrir une couronne civique et militaire, tant comme représentant l'école polytechnique, que comme ayant personnellement fait preuve de courage et de patriotisme.

A deux heures et demie on a donné l'ordre aux tambours de battre le rappel, et à trois heures et demie les autorités se sont rendues à son domicile, à la tête de plus de 500 gardes nationaux et de plus de mille citoyens qui se pressaient à leur suite.

M. le Maire a d'abord prononcé, avec une vive émotion, le discours suivant :

« Élève de l'École polytechnique,

» Ce titre est *aujourd'hui* à lui seul un bien bel éloge. Digne » représentant de la jeunesse française, la ville d'Alençon vient » saluer et honorer en vous un des principaux libérateurs du » pays. Vous vous prépariez en silence, par de fortes et sérieuses » études, à faire fleurir, à défendre votre patrie. Une grande » occasion s'est présentée : le bruit des chaînes dont une hypo- » crite tyrannie voulait envelopper la France vous arrache à vos » paisibles travaux ; vous paraissez au milieu d'une population » justement irritée ; le patriotisme traditionnel de votre Ecole, » la confiance qu'inspirent vos jeunes talens fortifiés par l'étude, » vous placent aussitôt à la tête de cette généreuse et sainte » insurrection. De vieilles bandes, dont une politique ignorante » du siècle croyait avoir fait de sûrs instrumens de despotisme, » ont fui devant ceux que nos ennemis appelaient de vils prolé- » taires, devant vous qu'ils traitaient d'enfans. Ils ne savaient pas que » la Liberté n'est pas longue à faire des héros. Nous avons ap- » pris avec orgueil qu'un de nos jeunes concitoyens avait été » des premiers à prendre part aux trois immortelles journées » de juillet. Toute la ville d'Alençon, qui vous accompagnait » de ses vœux, qui brûlait de vous seconder de ses bras, vous » adresse par ma bouche les témoignages bien sincères de sa » reconnaissance et de son admiration. »

Après ce discours, M. Levé, l'un des avocats les plus distingués de notre jeune barreau, et en même temps officier de la garde nationale, a récité, avec une énergie vivement sentie, cette petite pièce de vers que venait d'improviser le rédacteur de cet article, en présentant la couronne à notre jeune et brave concitoyen.

O vous, l'un des héros de l'immortelle École,
Vous, rival à vingt ans des vétérans d'Arcole,
Permettez qu'unissant le chêne et le laurier,
Des soldats-citoyens forment une couronne
Pour parer votre front guerrier.
Notre cœur ému vous la donne,
Des droits du peuple illustre défenseur,
Pour avoir foudroyé le trône
Que souillait un vil oppresseur.
Le feu de vos canons vient d'éclairer la terre.
De ce sceptre brisé l'instructive poussière

Des rois tyrans montre la vanité,
Et, vous couvrant d'une gloire immortelle,
Va, sur une base éternelle,
Du monde rajeuni fonder la liberté!

M. D'Hostel a répondu en ces termes :

« Messieurs,

» Je vous remercie des éloges que vous voulez bien donner à » un élève de l'École polytechnique. Les élèves ont fait dans cette » circonstance ce que les bons citoyens devaient faire. Lorsque » les lois ont été indignement violées, lorsque l'on a brisé cette » Charte tant de fois jurée, lorsque l'on a hautement proclamé » le règne de la force, ils ont suivi l'illustre Citoyen des deux » mondes, Lafayette, toujours prêt à défendre la Liberté, et » dont le noble caractère ne s'est pas démenti jusques dans les » cachots d'Olmutz. Nous avons suivi le général Gérard, qui fut » éloigné des affaires pendant les quinze dernières années. Cette » disgrâce suffirait pour faire son éloge, car il fut écarté par » une faction ennemie de nos libertés, qui, un moment arrêtée » par la chute du ministère déplorable, s'était relevée, sous le » nom de Polignac, plus menaçante et plus puissante que jamais.... » Mais que ces temps désastreux s'effacent de nôtre mémoire, en » portant nos regards vers les glorieuses destinées de la France » nouvelle. Espérons en un Roi-citoyen, qui tient ses droits d'une » Charte constitutionnelle. Il remplira toutes ses promesses ; et, » comme il l'a déclaré lui-même, la Charte sera désormais une » vérité.

» VIVE LA CHARTE !

» Vive la Garde nationale d'Alençon, qui mourrait pour » la défendre ! »

Alençon, de l'imprimerie de Poulet-Malassis.

L'ALENÇONNAISE.

Chanson patriotique

Pour le Banquet de la Garde nationale d'Alençon, à la Réception de son Drapeau,

Le 24 octobre 1830.

AIR : *Reine du monde, ô France! ô ma Patrie!*

Toi qui trente ans de victoire en victoire
As su guider nos illustres guerriers ;
Toi qu'ont proscrit des despotes sans gloire,
Ami, reviens abriter nos lauriers !..
Quand de nos droits on vit briller l'aurore,
Des potentats le Français redouté
Allait prêchant la Liberté
Sous ton ombrage tricolore.

Quand le vainqueur du Tibre et de l'Adige
Eut oublié nos droits et son devoir,
Il s'efforça d'agrandir ton prestige
Pour s'élancer au sommet du pouvoir.
De tant d'éclat il te couvrit encore,
Qu'on vit l'Europe, après tes deux revers,
S'écrier, en brisant ses fers,
Honneur au Drapeau tricolore!

L'aigle despote a mordu la poussière ;
Les lys flétris ont passé comme lui.
Pour protéger notre auguste bannière,
Coq des Gaulois, tu reviens aujourd'hui.
Que de héros ta voix va faire éclore !
Le monde entier, réveillé par tes chants,
Va sur le trône des tyrans
Planter le Drapeau tricolore !

Serrons nos rangs, légion citoyenne,
Marchons pressés autour de ce Drapeau ;
Puis contre nous que l'étranger revienne, ...
Le sol français deviendra son tombeau.
Des plus beaux feux l'horizon se colore ;
Oui, l'union va régner parmi nous. . . . .
Tyrans, fléchissez les genoux
Devant le Drapeau tricolore !

Reçois nos vœux, Drapeau de Lafayette,
Toi que toujours a chéri notre Roi !
Quel enchanteur, agitant sa baguette,
Sut faire autant de prodiges que toi ?..
Va, flotte en paix, notre France t'adore,
Et ton rival est banni pour jamais.
Non, plus de rois pour les Français
Que sous le Drapeau tricolore !

C. Marchand, avoué,
fourrier de la 2.e compag. de chass.

LE DRAPEAU.

Couplets dédiés à la Garde nationale d'Alençon

A l'occasion de la Réception de son Drapeau.

Oui, le voilà ! fils de la France,
Ce Drapeau par le sang conquis;
C'est l'étendard de l'espérance,
L'effroi des tyrans et des lys ! (*bis.*)
De ses compagnons de victoire
Il revient ombrager les fronts,
Il vient les payer des affronts
Qu'on a prodigués à leur gloire !
Le voilà, citoyens !!.. jurons tous aujourd'hui,
Jurons (*bis*) de triompher ou de mourir sous lui !!

Trente ans sa grandeur colossale
Ecrasa nos fiers ennemis;
Mais un jour l'Europe vassale
Acheta ses lambeaux trahis ! (*bis.*)
Du trône en le voyant descendre
Elle disait : « *c'est sans retour.* »
La France répondait : « Un jour,
» Le phénix renaît de sa cendre ! »
Le voilà, citoyens !! etc.

Mais de sa poussière féconde
S'il renaît plus beau que jamais,
Ce n'est plus pour troubler le monde
Du bruit de ses nombreux succès; (*bis*)
De ses conquêtes la Victoire
Assez fatigua l'univers;
Peuples, c'est à briser vos fers
Qu'il mettra désormais sa gloire !
Le voilà, citoyens !! etc.

Rendons à sa noble bannière,
Rendons le vieux Coq des gaulois ;
Comme l'Aigle sous son tonnerre
Il n'étouffera point nos voix ; (*bis*)
L'Aigle despote, sanguinaire,
Fils ingrat de la Liberté,
Trop souvent d'un bec irrité
Déchira le sein de sa mère.

Le voilà, citoyens ! ! etc.

Un drapeau qu'ils disaient sans tache
Naguère encore dans Paris,
Sous des bourreaux, au blanc panache,
S'abreuva du sang de nos fils ; (*bis*)
Mais lui, Français, contre la France,
Jamais..., jamais il n'a marché ;
Son fer jamais ne s'est taché
Du sang d'un peuple sans défense.

Le voilà, citoyens ! ! etc.

Invocation.

Drapeau sacré de la Patrie,
Reviens flotter sur tes enfans ;...
Sur leur tête, du joug meurtrie,
Déroule tes plis triomphans ; (*bis*)
Et nous, par un honteux divorce,
Du sang ne perdons point le prix ;
Serrons nos rangs...., plus de partis,....
L'Union seule fait la Force ! !

Le voilà, citoyens ! ! etc.

Oui jurons, gardiens de la France,
De mourir sous cet étendard ;
Jurons qu'au jour de sa défense
Il aura nos corps pour rempart ! (*bis*)
Oui, si jamais sur ton rivage
L'étranger rapporte le deuil,
France, voilà notre linceuil ;
Plutôt la mort que l'esclavage ! !

Le voilà, citoyens ! ! jurons tous aujourd'hui,
Jurons (*bis*) de triompher ou de mourir sous lui !...

Théod. Wains-Desfontaines,
Chasseur, 5.e compag.

Imprimerie de Poulet-Malassis.

www.ingramcontent.com/pod-product-compliance
Ingram Content Group UK Ltd.
Pitfield, Milton Keynes, MK11 3LW, UK
UKHW021029200726
13857UKWH00004B/1660

9 782013 038621